ອາຫານທີ່ ຕຸລິ ມັກກິນ

ໂດຍ: ຈະສີ ສົມຫວັງ

ຮູບໂດຍ: ຈອມ ໂຣເບີ໊ດ ອາຊູໂລ

ອາທານທີ່ ຕຸລິ ມັກກິນີ

ພິມຄັ້ງທຳອິດ 2021

ຈັດພິມໂດຍ: ອົງການ Library For All
ອີເມວ: info@libraryforall.org
URL: libraryforall.org

ປຶ້ມພາສາລາວເຫຼັ້ມນີ້ ຖຶກສະໜັບສະໜູນໂດຍການຮ່ວມມືຂອງ

ຮູບແຕ້ມຕົ້ນສະບັບໂດຍ ຈອນ ໂຣເບິ໌ດ ອາຊູໂລ

ອາທານທີ່ ຕຸລິ ມັກກິນ
ຈະສິ ສິມທວັງ
ISBN: 978-9932-09-156-0
SKU1190

ວາຊາມທີ່ ຕຸລິ ມັກກິມ

ຕຸລິ ມັກກິນອາຫານເພື່ອສຸຂະພາບ.
ຕຸລິ ກິນອາຫານຄົບ 6 ໝູ່.

ຕຸລິ ມັກກິນ ເຂົ້າ.
ເຂົ້າ ມີສານຄາໂບໄຮເດຣດ
ເຊິ່ງໃຫ້ພະລັງງານແກ່ຮ່າງກາຍ.

ເຂົ້າ ແມ່ບອາຫານປະເພດທາດແປ້ງ.
ອາຫານໝູ່ປະເພດທາດແປ້ງ ມີທັງ ເຂົ້າ,
ແປ້ງ, ບ້ຳຕານ, ສາລິ, ເຜືອກ, ເຜິ ແລະ
ອາຫານອິກຫຼາຍຢ່າງ.

ຕຸລິ ມັກກິນ ຜັກບົ້ງ.
ຜັກບົ້ງ ມີວິຕາມິນ ເອ ຊ່ວຍບຳລູງສາຍຕາ.

ຜັກບົ້ງ ແມ່ນອາຫານບ່ປະເພດຜັກ.
ອາຫານໝູ່ປະເພດຜັກ ມີທັງ ຜັກບົ້ງ, ຜັກກາດ,
ຜັກໃບຂຽວເຂັ້ມ ແລະ ຜັກ ອິກຫຼາຍຍ່າງ.

ຕຸລິ ມັກກິນ ໝາກໝ່ອງ.
ໝາກໝ່ອງ ມີວິຕາມິນ ຊີ ຊ່ວຍບຳລຸງຜິວໜັງ.

ຕຸລິ ມັກກິນ ໝາກກ້ວຍ.
ໝາກກ້ວຍ ມີວິຕາມິນ ບີ6
ຊ່ອຍປ້ອງກັນພະຍາດຕ່າງໆ.

ໝາກມ່ວງ, ໝາກກ້ວຍ
ແມ່ນອາຫານປະເພດໝາກໄມ້.
ອາຫານໝູ່ປະເພດໝາກໄມ້ ມີທັງ
ໝາກບັດ, ໝາກເງາະ, ໝາກກ່ຽງ ແລະ
ໝາກໄມ້ອຶ່ນໆຫຼາຍຢ່າງ.

ຕຸລິ ມັກກິນ ປາ.
ປາ ມີວິຕາມິນ ດີ ເຮັດໃຫ້ແຂ້ວແຂງແຮງ.

ຕຸລິ ມັກກິນ ໄກ່.
ໄກ່ ມີທາດໂປຣຕິນ ເຮັດໃຫ້ຮ່າງກາຍເບິ້ງແຂງແຮງ.

ປາ, ໄກ່ ແມ່ນອາຫານປະເພດຊີ້ນ.
ອາຫານໝູ່ປະເພດຊີ້ນ ມີທັງ ເນື້ອສັດ, ໄຂ່, ນົມ,
ຖົ່ວ ແລະ ອາຫານອິກຫຼາຍຢ່າງ.

ຕຸລິ ມັກກິນ ບິມ.
ບິມ ມີ ແຄລຊຽມ ຊ່ວຍສ້າງກະດູກ.

ນົມແມ່ບໍ່ອາຫານປະເພດແຄລຊ່ຽມ.
ອາຫານໝູ່ປະເພດແຄລຊ່ຽມ ມີທັງ ນົມ,
ກະປູ, ສັດນ້ຳໂຕນ້ອຍໆຊະນິດຕ່າງໆ ແລະ
ອາຫານອິກຫຼາຍຢ່າງ.

ຕຸລິ ມັກກິນ ໜ່ຽກະທິ.
ກະທິ ມີໄຂມັນ ຊ່ວຍໃຫ້
ຄວາມອິບອຸ່ນແກ່ຮ່າງກາຍ.

ກະທິ ແມ່ບອາຫານປະເພດນ້ຳມັນ ແລະ ໄຂມັນ.
ອາຫານໝູ່ປະເພດນ້ຳມັນ ແລະ ໄຂມັນ ມີທັງ
ນ້ຳມັນໝູ, ນ້ຳມັນໝາກພ້າວ, ກະທິ, ໝາກຖົ່ວ
ແລະ ອາຫານອິກຫຼາຍຢ່າງ.

ຂໍ້ມູນທາງບັນນາບຸລິມຂອງຫໍສະໝຸດແຫ່ງຊາດ

ຈະສີ ສິມທວົງ
    ອາທາບທໍ່ ຕຸລິ ມັກກິນ 4 / ໂດຍ ຈະສີ ສິມທວົງ. -- ວຽງຈັນ : ມັກອ່ານ,
2020
    31 ໜ້າ : ພາບປະກອບສີ ; 21 ຊມ
    1. ວັນນະກຳສຳລັບເດັກ
    I. ຊື່ເລື່ອງ
808.899282 -- dc21
    ເລກທະບຽນພິມຈຳໜ່າຍ: ຕາມທບ333ພຈ 23122020
    ISBN 978-9932-09-156-0

ເຈົ້າສາມາດໃຊ້ຄຳຖາມດັ່ງລຸ່ມນີ້ເພື່ອສິບທະບາກ່ຽວກັບເລື່ອງທີ່ອ່ານກັບ ຄອບຄົວ, ໝູ່ ແລະ ຄູອາຈານ.

ເຈົ້າໄດ້ຮຽນຮູ້ຫຍັງຈາກເລື່ອງນີ້?

ຈົ່ງອະທິບາຍເລື່ອງນີ້ ໂດຍໃຊ້ຄຳບັບຍາຍ
1ຄຳ. ຕະຫຼົກ? ຢ້ານ? ມິສິສັນ? ໜ້າສົນໃຈ?

ເມື່ອອ່ານຈົບແລ້ວ,
ເລື່ອງນີ້ໃຫ້ຄວາມຮູ້ສຶກຫຍັງແດ່?

ໃນເລື່ອງນີ້, ເຈົ້າມັກສິ່ງໃດຫຼາຍທີ່ສຸດ?

ດາວໂລດແອັບ
getlibraryforall.org

ກ່ຽວກັບຜູ້ປະກອບສ່ວນ

Library For All ເຮັດວຽກຮ່ວມມືກັບນັກຂຽນ ແລະ ນັກແຕ້ມ ທົ່ວໂລກເພື່ອສ້າງເລື່ອງທີ່ຫຼາກຫຼາຍ, ມີຄຸນນະພາບສູງໃຫ້ກັບຜູ້ອ່ານໂຕບ້ອຍ. ທຸກຄົນສາມາດເຂົ້າໄປ ເວັບໄຊ libraryforall.org ເພື່ອຮູ້ຂ່າວຫຼ້າສຸດ ກ່ຽວກັບກິດຈະກຳຝຶກອົບຮົມນັກຂຽນ, ຄູ່ມືຕ່າງໆ ແລະ ໂອກາດສ້າງສັນອື່ນໆ.

ປຶ້ມທຶອບຶ້ມ່ອບບ່?

ພວກເຮົາມີປຶ້ມຫຼາຍຮ້ອຍຫົວໃຫ້ເລືອກອ່ານ.

ພວກເຮົາຮ່ວມມືກັບນັກຂຽນ, ຊ່ຽວຊານດ້ານການສຶກສາ, ທີ່ປຶກສາທາງດ້ານວັດທະນະທຳ, ລັດຖະບານ ແລະ ອົງກອນທີ່ບໍ່ຂຶ້ນກັບລັດຖະບານ ເພື່ອນຳຄວາມເພີດເພີນ ໃນການ ອ່ານໃຫ້ກັບເດັກນ້ອຍທົ່ວທຸກແຫ່ງ.

ຮູ້ບໍ?

ພວກເຮົາສ້າງການປ່ຽນແປງທີ່ດີໃນຂົງເຂດນີ້ ໂດຍປະຕິບັດ ເປົ້າໝາຍ ການພັດທະນາແບບຍຶ້ນຍົງຂອງສະຫະປະຊາຊາດ.

libraryforall.org